Wolfgang Kulla

# Der Struwwelpeter
## oder
## Das geheime Leben der Kinder

AF206931

Wolfgang Kulla

# Der Struwwelpeter

oder
Das geheime Leben
der Kinder

Sieh einmal, hier steht er:
Pfui, der STRUWWELPETER!
Keine Zeit zum Friseur zu gehen,
ständig nur auf das Handy sehen.
Macht nur dumme Faxen,
wird niemals richtig erwachsen.
Pfui, ruft da ein jeder,
garstiger STRUWWELPETER!

KI

Die Deutsche Nationalbibliothek verzeichnet diese Publikation in der Deutschen Nationalbibliografie. Detaillierte bibliografische Daten sind im Internet über http://dnb.dnb.de abrufbar.

© 2023 Wolfgang Kulla
Alle Rechte vorbehalten!
Herstellung und Verlag:
BoD – Books on Demand,
Norderstedt
ISBN: 9783746029061

Wenn die Kinder sich an der frischen Luft bewegen,
statt im Zimmer vor dem Laptop zu kleben,
auch artig ihr Pausenbrot verspeisen
und es nicht in den Papierkorb schmeißen,
leise sind und nicht krakeelen,
ihre Probleme mit den Eltern bereden
und im Haushalt fleißig helfen,
dann wird es immer gelten:
Die Freude ist nun groß genug,
die Kinder bekommen ein Bilderbuch.

### Die Geschichte vom Handy-Hansi

Der Hansi gern zur Schule geht,
weil er seine Freunde wieder sieht.
Der Schulweg ist auch nicht sehr weit,
da ist das Handy schnell bereit.
Noch eine WhatsApp an Paul und Fritz,
hoppla, auf dem Weg ist ein breiter Ritz.

Ein großer Schritt, er hat's erkannt,
und jetzt kommt eine Menge Sand.
Vorsichtig darüber wetzen.
Er hat Zeit, nur nicht hetzen.

Hansi denkt, ich hab's im Griff,
ich navigiere wie ein Schiff.
Da muss ich nicht nach vorne schauen,
kann getrost auf mein Handy bauen.
TikTok, Instagram und Twitter,
die Videos schlagen ein wie ein Gewitter.
Oh, ist das lustig und interessant,
wie's weitergeht, bin ich gespannt.

Doch was der Hansi jetzt nicht weiß,
in der Nacht war es hier nicht leis'.
Wasser überschwemmte die Straße
und das war wirklich nicht zum Spaße.
Die Firma „Rohrbruch" aus Knickebein
musste mit Bagger in die Erde rein.
Ein Riesenloch entstand im Nu,
ein Warnschild kam noch hinzu.
Halt Hansi, du kannst nicht weiter geh'n!
Da war es schon um ihn gescheh'n!

Gerade mitten in einem Chat
verschwunden war das Internet.
Er fällt sehr tief, mit dem Rücken auf ein Rohr,
ihm wurde schwarz, wie im tiefen Moor.

Erst nach Tagen bewegt sich das linke Auge,
im Mund hat er den Geschmack einer scharfen Lauge.
Den rechten Arm kann Hansi nicht heben,
an das Fenster prasselt der Regen.
Jetzt ist ihm klar, oh was für ein Graus:
„Ich liege in einem Krankenhaus!"

**Oh Hansi, hättest du mal Acht gegeben,
dann würdest du jetzt nicht im Rollstuhl kleben.
Das Handy ist nicht für den Straßenverkehr,
du hast zwei Augen, nutze sie sehr!**

## Eine Modelgeschichte

Die Anna träumt davon ein Model zu sein.
Man soll sie bewundern, das wäre echt fein.
Das stets mit Make-up behandelte Gesicht
soll strahlen im hellen Scheinwerferlicht.
Schon immer hat Anna nur diesen Wunsch,
doch schaut sie auf ihre Figur, zieht sie einen Flunsch.

„Ich bin zu dick, habe nicht die richtigen Maße,
schaue ich in den Spiegel, komme ich in Ekstase.
So kann ich mich nicht bewerben,
die Leute jagen mich über alle Bergen."

Sie stellt sich vor ihrer Mutter auf einen Kasten
und ruft: „Mama, ab morgen werde ich fasten!
Sieh, meine Körpermaße, sie sind ein Schreck,
da komme ich auf dem Laufsteg nicht vom Fleck.
Ich will schlank und schön sein, das ist mein Ziel,
ab morgen haben wir ein Deal."

Die Mutter erstarrt! „Das kommt nicht in Frage.
Das nimmt kein gutes Ende und ist eine Plage."
Anna schüttelt den Kopf und lächelt geheim,
sie geht in ihr Zimmer und schließt sich ein.

Jeden Tag schlürft Anna nur ein dünnes Süppchen,
sie entwickelt sich zu einem Püppchen.
Ihr Brustkorb wird dünn wie ein Brett,
nichts mehr ist an ihr komplett.
Mit letzter Kraft schleppt Anna sich zum Spiegel
und denkt: Jetzt bekomme ich das Modelsiegel.

Dann fällt sie um, es ist ihr schlecht,
das ist der Mutter gar nicht recht.
Mit zittrigen Händen wählt sie 1-1-2
und kocht für Anna einen dicken Brei.

**Erkenntnis dieser Geschichte ist:**
**Akzeptiere deinen Körper, wie er ist!**
**Lerne dich selbst zu lieben,**
**dann wirst du auch im Leben siegen!**

# Die GAME OVER – Geschichte

„Endlich Ferien!", ruft Timo Zecke
und wirft den Ranzen in die Ecke.
„Ab jetzt ist für mich Spielzeit,
hey, Computer, ich bin bereit!"
Er drückt die Power, es fließt der Strom,
jetzt nicht zu spielen wäre ein Hohn.

An der Tür klingelt es sehr laut,
immer die Störung, aber er schaut.
Es ist Maxe mit dem Ball.
Timo wirft die Tür zu, mit einem Knall.
Er ruft Maxe nach: „Mir fehlt die Zeit,
habe keinen Bock auf ein Match zu
zweit."

Was soll er sich auch jetzt bewegen,
es sind Ferien, da muss er sich pflegen.
Jetzt ruft auch noch die Mutter:
„Timo, Abendbrot, es gibt Schnitte mit Butter!"
„Oh nein, was soll ich jetzt noch speisen?
Hier, am Laptop, muss ich mich beweisen.
Mein Limit beträgt nur zehn ‚Leben'.
Ich will die höchste Punktzahl, sonst gibt's ein Beben."

Heimtückisch lächelt er in sich hinein
und schließt sich in sein Zimmer ein.
Fünf Tüten Chips hat Timo gesammelt,
die warten darauf, dass sie nicht vergammeln.
Und was zum Trinken muss auch sein.
Er schlabbert sich eine Cola rein.

Das Spiel beginnt, ab jetzt ist Action!
Nun spürt Timo Satisfaction.
Da ist der Feind, er zielt drauf.
Timo erwischt den Gegner im vollen Lauf.

Nach drei Stunden klopft an die Tür die Mutter:
„Timo, ich gehe ins Bett, hast du noch Futter?"
„Ja, ja, alles ist okay,
ich sammel' Punkte auf meinem Display."

Die Stunden vergehen, es ist Mitternacht,
doch, wer hätte es gedacht,
Timos ‚Leben' nehmen weiter ab,
in das Zimmer brüllt er: „Bald bin ich matt!"

Die Augen fangen an zu brennen,
aber man kann es auch so nennen:
Timo sieht die Bilder ungenau
und wird daraus nicht mehr schlau.

Schon hat er alle ‚Leben' verloren.
Jetzt hat er sich geschworen:
„Noch einmal will ich es schaffen,
jetzt werde ich mich zusammenraffen!"

Er versucht es, aber sein Kopf tanzt.
„Warum bekomme ich nur diese Angst?
Diese enorme Gewalt gegen mich
gibt meinem Herz einen tiefen Stich.
Sie drückt auf meine Brust,
in mir spüre ich nur noch Frust."

Verzweifelt schluchzt Timo in den Pullover,
der Laptop blinkt:

# GAME OVER!

**Junge und Mädchen sieht es als eure Pflicht:
Beim Computerspielen übertreibt es nicht!
Schnell erreicht ist die Sucht
und du fällst in eine tiefe Schlucht.
Stundenlanges Spielen in dieser Welt
macht aus dir noch kein Held!**

## Die Geschichte vom Feuerteufel

Paule liebt die brennende Kerz',
da fühlt er sein aufgeregtes Herz.
Manchmal, wenn es keiner sieht,
hat er einen seltsamen Trieb.
Durch die Flamme einen Finger
führt,
um zu wissen, ob er heißes spürt.
Der Vater mahnt: „Paule, bist du
noch dicht?
Mit dem Feuer spielt man nicht!"

Doch der Paule hat's im Blut,
in ihm staut sich eine Glut.
Ein Feuer, so groß wie ein Haus,
das wäre doch ein toller Schmaus.
Und sieht er zischende Raketen in der Luft,
atmet er ein, den magischen Duft.


An einem Neujahrstag fand er sie,
eine Silvesterrakete, als wäre es Magie.
„Hey!", ruft er. „Die ist ja noch neu!
Da nenne ich mich doch einen glücklichen Boy.
Im Dorf bei Opa will ich sie zünden,
so will ich die Wirkung mir ergründen."

In den Ferien, es ist sehr heiß,
schließt sich dann der Kreis.
Abends steht er auf dem Feld
und fühlt sich wie ein großer Held.
„Ich brauche eine Flasche? Was soll der Quatsch?
Die braucht nur der kleine Pittiplatsch!
Ich halte die Rakete in der Hand,
ich bin der Feuerbringer in diesem Land."

Das Feuerzeug zündelt die Schnur,
es knistert und zischt mit Bravour.
Paule, was bist du nur dumm,
nach fünf Sekunden gibt es ein gewaltiges Bumm.
Die Rakete schießt in den Himmel hinein
und der Wind trägt sie in Opas Scheune rein.
Das Heu brennt sofort lichterloh,
das Feuer sucht sich auch noch das Stroh.

Dem lauten Schmerzensschrei von Paule
folgt ein leises, jammervolles Gejaule.
Er hält die rote Hand nach oben,
sein Geist verliert den Boden.
Mühsam schleppt er sich ins Haus,
streckt dem Opa seine verbrannte Hand aus.

Paule hört nicht mehr das Martinshorn,
der Opa ist voller Zorn.
Nach vier Wochen ist Paule genesen,
aber die Scheune war einst mal gewesen.

**Feuer und Raketen sind für Kinder nichts.**
**Schnell werdet ihr zu Bösewichts!**
**Gebt Acht und wacht über euer Leben,**
**es ist euch nur einmal gegeben!**

### Die Geschichte vom Schläger-Felix

In der Schule lernt man viel,
ein hohes Wissen ist das Ziel.
Die Lehrer geben sich charmant,
und formen den Schüler zum Dia-
mant.

Doch Felix ist dazu nicht bereit,
er sucht lieber einen Streit.
Mit den Banausen will er sich messen
und sie in eine Ecke pressen.
Zeigt ihm einer eine Kaugummiblase,
bekommt er die Faust auf die Nase.

Frau Flausen an der Tafel steht
und den Schülern den Rücken zudreht.
Felix lässt ein Papierflugzeug fliegen
und hofft, dass sie es nicht wird kriegen.
Aber wie es so ist in dieser Geschicht',
Frau Flausen bekommt es ins Gesicht.
Sie dreht sich um und schaut ihn an,
jetzt weiß sie, Felix hat's getan.

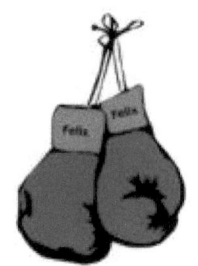

Mit rotem Kopf schreit sie: „Ich kann nicht mehr!
Jetzt muss der Herr Direktor her."
Sie stapft zur Tür hinaus, im Gang entlang,
ruft nach dem Direktor mit lautem Klang.

Mit Wut im Bauch läuft Felix ihr hinterher
und schubst Frau Flausen schwer.
Sie fliegt an einen Schrank wie eine Eule
und holt sich eine dicke Beule.

Die Schüler rennen auf den Flur,
endlich ist Stimmung, mit Bravour.
Die Lehrerin kämpft sich durch das Getümmel
und sagt dem Direktor: „Felix ist der Lümmel!"
Der Direktor nickt. „Ich weiß, ich weiß!
Der Schüler Felix bekommt einen strengen Verweis."

Doch die Story hat immer noch kein Ende,
Felix wird in der Schule zur Legende.
Fast täglich ließ er die Fäuste fliegen.
Er schloss mit keinem Frieden.

Nun sitzt er im Zimmer ganz allein
in einem Kinderheim.

**Was kann man lernen aus der Geschicht'?**
**Nichts büffeln hilft dir nicht!**
**In der Schule paukst du viele Sachen,**
**die dir das Leben nützlich machen.**
**Ob Lesen, Rechnen und Natur,**
**das brauchst du später, das ist deine Spur!**
**Also, gib der Schule eine Chance,**
**denn Bildung ist von unschätzbarem Glanz.**

## Die Geschichte von der Künstlichen Intelligenz (KI)

„Hey, Grit, hast du es schon gehört,
der ganze Erdball wird bald zerstört!"
Grit sieht die Marie skeptisch an
und fragt etwas spöttisch: „Und wann?"
„Wann, weiß ich nicht. Doch, es ist immens,
ich habe es von der Künstlichen Intelligenz!"

Marie sieht sich um und flüstert Grit zu:
„Es ist ein Geheimnis, das Thema ist tabu.
Doch es gibt Rettung, du kannst es mir glauben,
Außerirdische verwandeln uns in Tauben.
Wir fliegen dann mit ihnen weit ins All
bis zum Planeten ‚Kristall'.
Dort können wir im Reichtum schwelgen,
doch vorher müssen wir uns abmelden."

Grit macht vor Marie große Augen.
„Also, wenn es von der KI ist, will ich es glauben.
Doch es gibt für mich ein Malheur,
vorher muss ich noch zum Friseur!
Wann geht denn die Reise los?
Von den Eltern benötige ich noch etwas Moos!"

„Na, da schaue ich mal ins System.
Oje, jetzt bekommen wir ein Problem.
Morgen früh, genau um vier,
unglaublich, der Treffpunkt ist hier!"

Pünktlich sitzen die Mädchen auf der Wiese,
plötzlich haben sie eine Krise.
Wie soll denn werden, dieser Flug?
Bekommen die Tauben einen Raumanzug?
Grit und Marie sehen sich an,
sie ahnen, an dieser Info ist nichts dran.

Was ist, wenn alles Unsinn ist?
Vielleicht macht die KI auch mal Mist?
Über alles kann man streiten,
das liegt an den verrückten Zeiten.

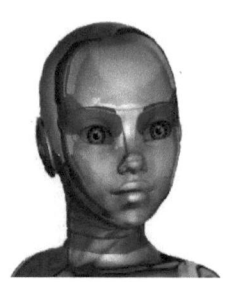

**Auch die beste KI kann mal fehlen
und falsche Ergebnisse wählen.
Der KI kann man es nicht ankreiden,
der Mensch muss sich entscheiden.
Geh nicht auf jede Dummheit ein
und Fakes und Falsches auf den Leim.
Drum sei gewitzt und immer schlau,
der Mensch weiß auch vieles genau.**

# Die „WILL ICH HABEN" - Geschichte

Shopping mit Mama, das ist schön,
Lydia hat sich längst daran gewöhnt.
Zuletzt ist der Kinderspielladen dran.
Lydia rennt gleich in den Gang.
„Da ist sie! Da ist sie! Ich hab's doch gewusst,
auf diese Puppe habe ich richtige Lust."

Die Mama zieht die Stirn in Falten
und tadelt Lydias Verhalten.
„Nein, nein, ich hatte gesagt, nur für wenig Geld,
auch wenn die Puppe dir noch so gefällt.
Zu Hause wartet auf dich so viel Kram,
das ist schon der reinste Wahn."

Lydia zieht böse die Augen zusammen
und will mit dem Fuß ein Regal rammen.
„Ich will sie haben, das ist mein letzter Satz.
Du sagst doch immer, ich bin dein Schatz!"
Dann wirft sich Lydia auf den Boden
und fängt an, fürchterlich zu toben.

Die Mama bleibt ruhig und regt sich nicht auf.
„Auf keinen Fall machen wir den Kauf.
Jetzt ist Schluss, wir gehen nach Hause
und klingeln bei der Nachbarin Frau Krause."

Lydia stutzt und bekommt fragende Augen:
„Was soll das Klingeln? Was soll das taugen?
Frau Krauses Tochter hat nicht einmal eine Puppe.
Die Familie ist mir völlig schnuppe!"

Die Mama verzieht nachdenklich den Mund:
„Eben, das ist der Grund!
Ab heute wirst du dein Spielzeug teilen,
komm' schnell, wir müssen uns beeilen."

Lydia liegt in ihrem Zimmer,
verzweifelt, denn sie hat keinen Schimmer.
„Was gebe ich von meinen Schätzen weg?
Ganz einfach, ich mache einen Check!
All das, was ich sehe, habe ich seit Jahren
und musste mit meinen Wünschen nie sparen.
Mama, Papa, Oma und auch meine Tanten,
nach den Geschenken sie immer rannten.
Ich habe zu viel, das ist doch klar!
Was will ich mit dieser großen Schar?"

Lydia steht auf und geht ans Regal.
„Meine schönste Puppe, die ist ideal.
Die will ich der Franziska schenken,
dann wird sie gut über mich denken."

Lydia klingelt, Franziska öffnet schnell.
„Wie findest du meine Puppe, sie ist originell!"
Franziska lacht und winkt mit der Hand.
„Ein schöner Besuch, ich bin außer Rand und Band.
Komm rein, wir können zusammen reden
und vielleicht eine Freundschaft pflegen."

„Wo ist deine Mama, ist sie nicht zu Hause?"
„Nein, sie ist auf der Arbeit und hat dort keine Pause.
Mein Papa gibt es nicht mehr,
ein Unfall, für mich ist es sehr schwer.
Deshalb muss ich den Haushalt stemmen,
aber ich will darüber nicht flennen."

Lydia überlegt. Sie ist ganz benommen.
„Für den Haushalt hast du mich gewonnen!"

Seitdem spielen und arbeiten sie zu zweit
und hatten nie mehr einen Streit.

**Denkt auch an jene, die nicht so viel Geld haben
und oftmals am Hungertuch nagen.
Lass in dir den Zusammenhalt erwachen
und helfe den Schwachen!**

# Die Cartubella – Geschichte

Jeden Morgen, es ist Brauch,
da knurrt ganz gehörig der Bauch.
Doch der Arzt hebt warnend die Hand,
ein gesundes Frühstück sollte man essen im Land.
Käse, Obst, Vollkornbrot und Saft,
diese Produkte geben uns Kraft.


Emma und Leon sind Geschwister.
Nach den Schulnoten stehen sie oben im Register.
Im Kinderfernsehen, es war am Freitag,
sahen sie einen interessanten Beitrag.
Ihr wollt wissen, worum es ging?
Es ist Cartubella, mit dem gelben Ring.


Die TV-Werbung ist ja bekannt,
sie wird ausgestrahlt im ganzen Land.
Dort ist zu sehen, die Fernsehfrau Ella.
Sie hält hoch ein Glas von Cartubella.
Sie plaudert: „Diese Creme ist eine gesunde Nahrung,
damit machte ich die beste Erfahrag!"
Dann streicht sie Butter auf eine Schnitte.
Und fünf Millimeter Creme, das ist so Sitte.
Das „mhm" und „a" in einem großen Chor
hörten Emma und Leon ständig im Ohr.

Emma und Leon wollten immer gesund leben,
danach müssen doch alle Kinder streben.
Also gaben sie Mama und Papa die Weisung,
Cartubella ist sofort die Speisung.
Der erste Test fiel erfreulich aus,
jetzt kommt Cartubella nur noch ins Haus.
Ob früh, mittags oder abends, sogar nachts,
man glaubt es kaum, Cartubella macht's.
Es ist ein Zwang, aus dem Glas zu naschen,
die Kinder nahmen es mit in ihren Taschen.

Nun, die Geschichte geht weiter,
ihr ahnt schon, sie wird nicht heiter.
Wie es so ist, der Hunger nimmt zu,
da ist ein großer Burger auch kein Tabu.
Dieser Mix lässt die Pfunde steigen
und das Gewicht beginnt seinen Reigen.
Da ist Bewegung ein großes Übel,
beim Laufen kommen sie kaum über den Hügel.

Bei Emma begann der Schrecken im Bauch,
sie wurde müde und ausgelaugt.
Nach der Untersuchung kam es ans Licht,
sie hat die Zuckerkrankheit, das lag nicht nur am Gewicht.
Es ist das Süße, der viele Zucker,
der ist nun mal im Cartubellafutter.

Auch Leon hatte seine Sorgen.

Ein anderes Herz konnte er sich nicht borgen.

Schnaufend erklomm er bis zum 3. Stock die Stufen.

Oben angekommen, mussten die Eltern den Arzt rufen.

Der Doktor verordnete Ruhe im Bett

und meinte, in der Cartubellacreme ist viel Fett.

Was soll man zum Abschluss sagen?
Bei Cartubella ergeben sich viele Fragen!
Der Test hat es gemessen:
30 Gramm Fett und 50 Gramm Zucker werden von 100
Gramm gegessen!

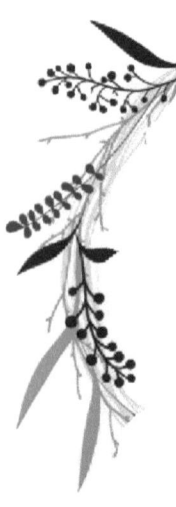

**Liebe Kinder, seid doch schlau,
eine Freundschaft besteht nicht aus Kakao!
Beim Essen ist es wie mit dem Wetter,
Abwechslung heißt „gesund und lecker".
Obst und Gemüse treffen den Punkt
dazu noch Bewegung, hey, das funkt!**

# Die Cybermobbing – Geschichte

Theo früh vor dem Spiegel steht,
sich davor immer wieder dreht.
Ach, er fühlt sich so interessant und schön,
die Locke macht er sich mit dem Föhn.
Was ist er doch für ein hübscher Bub,
außerdem ist er auch sehr klug.
Reden kann er mit viel Sinn,
für die Schule ein Gewinn.

Doch seit dem neuen Schulbeginn
krault er sich nachdenklich sein Kinn.
Eine Neue kam in die Klasse hinein.
Lina heißt sie, ihr Blick ist wie aus
Stein.
Dieses Mädchen ist schwer zu bekommen,
das hat er von anderen schon vernommen.

Sie kommt aus dem Norden, schön und toll,
dass sie ihn nicht beachtet, erzeugt bei ihm Groll.
Theo denkt, was ich auch tu,
Lina dreht mir den Rücken zu.

Nachts schreckt er aus dem Schlaf
und brüllt: „Ich bin doch kein Schaf!
Warts ab, ich werde es dir zeigen,
dann spielen im Himmel die Geigen.
Bei der Klassenfahrt soll es beginnen.
Dann, Lina, kannst du mir nicht entrinnen."

Die Gelegenheit gibt es spät am Abend,
es ist dunkel, für Theo überragend.
Er ergreift ihre rechte Hand
und fragt: „Kommst du mit an den
Strand?"
Dabei sieht er in Linas Augen.
Sie kann nur verächtlich schnauben.
„Hör zu, auf dich habe ich keinen Bock!
Versuche es mit einem anderen Mädchenrock."

Vor Wut bekommt Theo eine rote Wange.
„Oh Lina, dich halte ich in der Zange.
Die ganze Welt soll wissen, wie du bist,
mit dir beginne ich einen gnadenlosen Zwist."

Die Fakes werden in Social-Media verstreut.
Einige Schüler sind über die Nachricht erfreut.
Die Postings sind voller Schmutz und Scham.
Was hat Lina dem Theo nur getan?

Als Lina zur Schule geht,
merkt sie, dass sich etwas um sie dreht.
Die Mädchen sehen sie nicht an,
im Inneren wird es ihr ganz bang.
Die Schüler stehen flüsternd zusammen,
als will man Lina verdammen.
Bekümmert und traurig geht Theo an ihr vorbei
und meint: „Es ist gemein, diese Hetzerei!
Ich verstehe nicht, wie kann man so etwas tun,
es entwickelt sich zu einem Monsun."

Nach der Schule Lina nach Hause eilt
und sofort die Social-Media-Plattformen peilt.
Ob bei Facebook, Instagram, TikTok oder Twitter
die Lügen über sie, die sind so bitter.
„Ich will weg von diesem Ort.
Ich kann hier nicht leben, das ist Mord!"
Aber Lina kommt aus dem Norden,
da bläst ein starker Wind in den Fjorden.

Sie gibt nicht auf und ist es auch schwerer,
nach gründlicher Überlegung geht sie zum Lehrer.


Nach einigen Tagen ist es dem Lehrer klar,
der Täter ist der Schule-Star.
Nun muss sich Theo vor den Schülern bekennen
und die Gründe seines Handelns nennen.
Der Direktor sagt es in einem Satz:
„Für so einen Schüler ist bei uns kein Platz!"


**Es ist gemein und feige, sich über andere zu erheben
und anonym einen Zettel an die digitale Tafel
zu kleben.
Cybermobbing ist ein ernstes Vergehen,
dem Opfer muss man beistehen.**

## Eine Fußballgeschichte

Es ist wie überall auf Erden,
für Fußball könnten manche sterben.
Ist am Wochenende das Spiel gewonnen,
trifft man sich und es wird gesponnen.
Aber wird das Spiel gar verloren,
dann haben alle sich geschworen:
„Das nächste Mal wird es sich zeigen,
wir wollen in die nächste Liga aufsteigen!"

Und so ist es auch im Dorf ‚Am Anger',
dort hat der Maxe seine Kammer.
Wo die Mannschaft ‚FC Grün-Weiß' macht Sport,
Maxe ist mit den Fans auch dort.
Der Trainer hat es vor Tagen verkündet,
 im Dorf hat eine neue Mannschaft sich gegründet.

Wir wollen aufsteigen in der Region,
da hatte der Bürgermeister eine Vision.
„Wir verpflichten Sirak, der ist ein Ass,
der spielt immer den richtigen Pass!"


Als die Mannschaft aufläuft aufs Feld,
stößt Maxe den Paul an, der fast fällt.
„Hey, der dort, hat ja eine schwarze Haut!
Dass der hier ist und sich das traut?"
Paul erwidert: „Das ist Sirak, unser künftiges Ass.
Wenn der spielt, wirst du ganz blass."


Und so ist es auch, das Match beginnt,
Sirak sofort die Regie übernimmt.
Quer und längs verteilt er die Pässe,
begeistert schreibt darüber die Presse.


Maxe war sich mit den Fans einig,
der Aufstieg wird ab jetzt nicht mehr steinig.
Im letzten Spiel, drei Punkte schaffen wir,
das ist für das Team eine kleine Kür.
Wir haben Sirak, der ist ein Genie,
mit dem geht die Mannschaft nicht in die Knie.

Das Spiel beginnt verheißungsvoll,
mit einem Tor wird erfüllt das Soll.
Aber wie aus dem Nichts,
zeigt der Gegner ein anderes Gesicht.
Noch fünf Minuten, der Spieler Zecke,
schießt den Ball in die rechte Torecke.
Ein Remis, das reicht jetzt nicht,
wo bleibt nur die Mannschaftspflicht?
Sirak stürmt in den 16-Meterraum,
wird gefoult, man sieht es kaum.
Der Schiri hat es gesehen und pfeift.
Der Gegner wütend keift.

Ein Elfmeter, das ist doch klar,
wer am Aufstieg zweifelt, ist ein Narr.
Sirak übernimmt das schwere Amt,
die anderen stehen mit dem Rücken zur Wand.
Sirak nimmt Anlauf, aber was für ein Graus,
der Ball geht daneben, das Spiel ist aus.

Maxe schreit aus voller Kehle:
„Ich hab's gewusst, bei meiner Seele,
du bist ja nur ein Afrikaner,
geh zurück zu deinen Sudan' er."

Einzelne klatschen Applaus,
andere gehen still nach Haus'.
Der Bürgermeister ist traurig über das Remis
und sagt: „Rassismus hatten wir hier nie.
Der Sportvorstand hat soeben beschlossen:
Der Spielplatz bleibt für Maxe verschlossen."

**Rassismus ist ein trauriges Thema,
lass dich nicht drücken in dieses Schema.
Menschen beleidigen, das ist dumm!
Die das tun, haben in Wahrheit keinen Mumm.
Sie sind feige und hinterhältig
und im Kopf auch sehr einfältig.
Drum wisse, alle Menschen sind gleich,
ob weiß, schwarz, gelb oder bleich.
Ihre Herkunft hat nichts zu sagen,
da muss man nicht unbedingt nachfragen.**

## Die Geschichte vom Zeitfresser

Kennst du einen Geistermann,
der die Zeit fressen kann?
Ich höre dich fragen: „Was soll der Quark?
Ich teile mir die Zeit ein, wie ich es mag!"

Ich will dir eine Geschichte erzählen,
in der Geister dir die Minuten stehlen.
An einem Montag, da ist es passiert,
wo Mila viel Zeit verliert.

Die Mutter ruft: „Mila, denke daran,
in dreißig Minuten fährt die Straßenbahn!"
„Ja, ja, Mama, die Schule, ich weiß,
heute geht es um einen wichtigen Preis.
Die Abschlussarbeit wird es zeigen,
ich darf Mathe nicht vergeigen."

Mila hört, wie die Wohnungstür klinkt,
da sieht sie, wie ihr Handy ein Signal blinkt.
„Hey, Alisa, was willst du denn noch?
Ich muss zur Schule, das weißt du doch!"
„Mensch, Mila, hast du es gesehen?
Pit Kluny will mit einer anderen Frau gehen!
Instagram meldet das seit einer Stunde,
überall macht es im Internet die Runde."
„Was? Wer ist denn die Neue?
Pit Kluny kennt aber auch keine Treue!"

Schnell öffnet Mila alle Instagramregister
und liest sich durch das geheime Geflüster.
Die Meldungen sind so verschieden,
da darf man nicht danebenliegen.
Und so verrinnen die Minuten,
bis Mila merkt, jetzt muss sie sich sputen.

In letzter Sekunde erreicht sie die Bahn,
kein Platz mehr, es ist schon ein Wahn.
Die Fahrgäste sehen auf dem Handy genau
Pit Klunys eroberte neue Frau.

Dort hinten, da ist noch ein Platz.
Mila macht einen großen Satz.
Jetzt holt sie tief Luft,
Pit Kluny ist aber auch ein Schuft!
Was meldet TikTok und Facebook zur Sache?
Die Follower denken bestimmt an Rache.

Mila benötigt sehr viel Zeit,
sodass sie nicht hört, wie der Fahrer schreit:
„Endstation, die Fahrt ist vorbei.
Pause, jetzt habe ich frei!"

Mila hebt den Kopf ganz benommen
und staunt, 35 Minuten sind verronnen.
Die Abschlussarbeit kann sie nicht mehr schreiben,
deshalb muss sie am Nachmittag in der Schule blei-
ben.

So hat das Smartphone, das kleine Gerät,
die Zeit wie im Fluge weggefegt.
Darum teile dir die Zeit lieber selber ein.
Das wäre besser!
Das Handy ist nämlich ein Zeitfresser!

## Die Herausforderung (The Challenge)

Kalle und Ben haben sich beim Filmen gefunden.
Für ihre Ideen verbrachten sie viele Stunden.
Auf YouTube und TikTok waren die Videos ein Renner,
Beifall und Anerkennung kamen von Könner.
Die Zahl der Abonnenten in die Höhe schnellt,
nun rechneten sie mit einem Batzen Geld.

„Wir sind bekannt wie bunte Hühner,
jetzt wird es Zeit, wir werden kühner!
Im Video zeigen wir das Shirt „Camp Strom"
und steigen damit auf den YouTube-Thron.
Die Firma müssen wir mit unseren Videos gewinnen,
dann kann uns der Euro nicht mehr entrinnen."

Kalle hatte Ben im Griff,
Ben machte es nach seinem Pfiff.
Doch wie es so ist, es läuft nicht nach Plan,
die Firma stieg nicht in Kalles Kahn.
Nach drei Wochen kam die Antwort prompt:
Die Abonnenten erfüllen nicht ihren Horizont!
Einige Tausend, das ist ein Witz,
bei einer Million schlägt ein der Blitz.

Die zwei ließen den Kopf nicht hängen,
schnell kamen sie wieder in die Gänge.
Kalle recherchierte und fand im Netz
eine Challenge, oh, wie die fetzt.
Die Besteigung eines Bergs mit verbundenen Augen,
die Abonnenten werden es nicht glauben.

„Hey, Ben, du bist doch eine Sportskanone,
ich filme dich mit einer Drohne."

Die Theorie hörte sich einfach an,
doch Ben unterschätzte den steilen Hang.
Nach zwei Versuchen verlor er den Halt,
er stürzte drei Meter tief, in den Wald.

Ben liegt im Krankenhaus mit gebrochenem Bein.
Das Video sieht niemand – es bleibt geheim!

**Überlege genau, was du dir zutrauen kannst,
manche Mutprobe macht richtig Angst.
Gefährde nicht deine Gesundheit oder das Leben,
gut ist es, vorher mit deinen Eltern zu reden.**

**Bottle Cap Challenge**

**Plank Challenge**

**Bird Box Challenge**

**Tide Pod Challenge**